자비출판의 딜레마

- 1,000만원 이상의 의사결정 -

자비출판의 딜레마

들어가며(소개)

'자비출판의 딜레마'는 전차책으로만 출간할 계획이었기 때문에 종이책 디자인은 품질이 좋지 않습니다. 혹시 종이책을 사서 보시는 독자가 계신다면 이 점을 먼저 양해 부탁 드립니다. 그리고 이 책은 2023년 초에 줌으로 특강했던 내용을 옮겨온 것입니다. 그래서 문어체가 아닌 구어체로 되어 있고 표준어가 아닌 말도 있습니다.

이 책 내용으로 강의할 때의 제목은 '1천만 원 자비출판의 허와 실'이었고, 크게 보면 전자책 출판과 종이책 출판에 대한 '전반적인 프로세스가 이런 흐름이겠구나'하고 이해할 수 있습니다.

컨설팅을 하게 되면 고객 회사로 출퇴근을 하는 경우가 많습니다. 그러면 컨설턴트가 고객에게 value를 주는 것과 별개로 고객사의 고성과자 분들을 보면서 거꾸로 배우는 경우도 많이 있습니다. 그렇게 옆에서 지켜보며 배운 것들 중 '이런 건 내가 접목해야겠다'고 생각하면서 몸에 체득한 게 있는데 그 내용들을 모아서 책을 낸 것이 '한 권으로 끝내는 OJT' 입니다. 이 때 겁도 없이 약 900만 원의 돈을 들여 종이책 2,000부를 찍었는데, 지금부터 이 경험을 공유하려고 합니다.

한 권으로 끝내는 OJT

"주변에 좀 괜찮은 사람 없어요?" 약 15년 간 일을 하면서 가장 많이 들었던, 그리고 많이 했던 말 중에 하나입니다. 이렇게 묻는 분들은 '괜찮은'이라는 범위가 넓고 불명확한 단어를 사용했지만, 실제로는 매우 명확한 바램을 표현하고 있는 말, 즉 '일 잘 하는'이란 뜻이고, 이런 조건을 갖춘 사람을 소개해달라는 의미입니다. 일을 잘 한다는 것이 창의성, 통찰력 등을 요하는 문제 해결 능력만을 의미하지는 않습니다. 일을 받을 때 어떤 방식으로 받는지, 참고 자료를 확보하기 위해 어떤 곳을 둘러봐야 하는지, 그리고 자료를 분석해 보고서 형태로 결과물을 내놓을 때는 어떤 형식을 따르는 것이 좋은지 등은 습관화된 훈련에 의해 일정 수준에 도달할 수 있습니다.

OJT   스마트 신입

<한 권으로 끝내는 OJT>

위 책이 불후의 명저(?)였던, '한 권으로 끝내는 OJT'입니다. '였던'이라고 과거형 어미를 사용한 이유는 책 속의 '의사소통'과 같은 내용은 시간이 지나도 달라질 것이 별로 없는데, '자료 수집'은 이젠 옛 것이 되었습니다. 즉 발전된 IT 기술을 활용하여 더 쉽고 빠르게 원하는 자료를 모을 수 있기 때문입니다. 이게

대표 저자로 제 이름이 쓰여져 있긴 하지만 개인이 출간했다고 얘기하기가 좀 애매한 게 원고 작업부터 인쇄 및 유통까지 팀이 함께 작업했기 때문입니다.

어쨌든 불후의 명저는 우스개 소리고 다양한 산업의 고객사에 가 일 잘하는 고성과자분들의 공통점이 있었습니다. 임원 레벨은 좀 다를 수 있지만 고성과자분들은 '머리가 좋다, 나쁘다' 보다는 소위 말하는 '일머리' 조금 더 직설적으로 표현하면 '업무 스킬 숙련도'를 얼마나 가지고 있느냐와 관련 있었습니다. 직급으로 따지면 차장급 좀 더 높히면 부장급 정도까지는 기본 스킬만 어느 정도 갖고 있어도 굉장히 일을 잘 하시고 성과를 창출하셨습니다. 당연히 고객사 내부적으로 인정도 받고 있고요.

'스킬'이란 단어가 함의하는 내용 중 기억할 것은 연습을 통해 숙련도가 높아질 수 있다는 점입니다. 즉 누구나 다 할 수 있다는 것이죠. PC 자판의 타이핑 속도를 높였던 경험을 생각하시면 됩니다. 처음에는 독수리(하나하나 눈으로 보고 손가락으로 키보드를 두드리는 것)였다가, 안 보고 100타 치다가, 300타 치다가, 그 다음에 익숙하면 500타, 심지어 어떤 분들은 700타, 1000타 치기도 하는데 이건 순전히 스킬

영역이잖아요. '한 권으로 끝내는 OJT'는 연습하면
향상시킬 수 있는 영역들을 모아서 책을 낸 거거든요.
근데 이 책을 종이책으로 내는 과정이 좀 험난했습니다.
이제 그 이야기를 시작할게요.

1. 출판 전 고민거리들

Q. 먼저 가볍게 고민을 함께 해볼게요 종이책 출판에 대해서 진지하게 고민을 하는 분들이 계실 것 같긴 하거든요. 근데 왜 종이책을 출판하려고 하시나요? (줌)채팅창에 편하게 '나는 이런 이유로 종이책 출판에 관심 있다' 아니면 '진짜 내려고 한다' 등 글을 남겨주시면 좋겠습니다. 왜 종이책 출간에 관심이 있나요? 당연히 정답은 없습니다.

A1. 그냥 책을 쓰고 싶어요.

→ 그렇죠 기본적으로 그냥 책을 쓰고 싶다는 니즈가 있을 수 있죠. 또 어떤 이유가 있나요? 개인적으로 저는 이런 생각은 전혀 없었지만요.

A2. 명예가 생기는 것 같습니다.

→ 예, 좋습니다. 그런 이유도 분명히 있습니다. 제 친구 중에 한 명은 죽기 전에 책 한 권을 제대로 쓰고 죽는 게 굉장히 좋지 않겠느냐, 내 아이들하고 손자들이 보면 좋을 것 같다, 이런 내용을 얘기했었습니다. 책 내고 난 후에 들어서 아쉬웠습니다. 내기 전에 들었으면 더 동기부여가 되었을 것 같거든요.

A3. 실물 책을 가지고 싶어서요.

→ 실물 책을 갖고 싶어 하는 니즈가 있는 분들을 타깃으로 한 곳이 부크크 같은 사이트가 있습니다. 이런 곳의 서비스 중 하나는 (초기에 대량 인쇄를 하고 싶지 않다면) 해당 사이트에서 소량이든 한 권(POD, Publish On Demand)이든 종이책 인쇄를 신청한 후 구입하도록 지원하는 것입니다. 구입하는 주체는 작가일 수도 있고 독자일 수도 있겠죠. 이게 마음 편하고 쉽습니다. 그러나 오늘 특강 주제는 처음부터 대량 인쇄를 하고 서점에 유통시키는 것을 생각하시면서 들으시면 됩니다.

A4. 서점 가판 때 책이 올라가면 기분이 좋을 것 같습니다.

→ 네 좋습니다. 문제는 교보의 아일랜드 매대나 가판대에 책이 올라가는 것은 기존 큰 출판사가 사전에 그 자리를 돈 주고 산다고 보시면 됩니다. 물론 모든 책이 그런 것은 아니고요 금액도 다릅니다. 예를 들어 '1년에 300만 원 500만 원 1천만 원 줄 테니까, 우리 출판사에서 내는 책들은 여기에다가 일주일, 한 달 이렇게 좀 깔아주세요' 하면 교보나 영풍에서 '알겠습니다' 하고 계약을 합니다. 그 자리에 출판사가 알리고 싶은 책들을 배치하는 것이죠. 출판사 입장에선 마케팅 및 광고 비용으로 돈을 쓴 것이고요. .그런 게 아니면 진짜!

완전! 베스트셀러 되어야지 보통 매대에 올라가고요. 비굴한 방법으로 내가 서가에 꽂혀 있는 내 책을 꺼내가지고 아일랜드 매대에 살짝 올려두는 것도 있는데, 이건 뭐 하루도 안 가고 스스로 비참한 느낌을 가질 수도 있습니다.

A5. 출판의 정석이라서.

→ 그렇죠, 종이책을 내는 게 전통적인 방법이니까 큰 이유가 될 수 있습니다. 지금 50대-60대 이상의 분들은 출판했다고 할 때 전자책은 상상도 못 하시는 분들이 많아요. 저희 부모님만 봐도 그래요. '스마트폰으로 책을 본다고?'라고 하세요. 종이책 출판은 오랜 역사와 전통을 가지고 있는 것이죠.

A6. 종이책이 진짜 책 같아서요.

→ 네 저도 그렇습니다. '작가와'로 전자책 출판 서비스를 제공하고 있지만, 종이책도 계속 사서 보고 있습니다. 전자책과 별개로 한 달에 평균 3권-4권은 종이책을 사는 것 같아요.

A7. 쓰는 사람도 글의 완성도를 더 높일 수 있을 것 같습니다.

→ 예, 아무래도 한 번 인쇄하면 고칠 수가 없으니까 엄청 퇴고를 많이 하게 돼요. 그 과정에서 완성도가 높아지고요. 다만 엄청 고쳐도 교정/교열 전문가가 아닌 이상 인쇄한 책

을 보면서 고칠 것이 또 보입니다. 뒤에 실증 사진을 보여드리겠습니다. OTL

A8. 읽는 사람도 전자책은 대충 가볍게 볼 것 같아요

→ 아무래도 종이책 하고의 특징이 좀 달라서 그럴 수 있습니다. 그런데 지금 어린이 세대는 어릴 때부터 디지털기기에 익숙하기 때문에 트렌드가 달라질 수 있을 것 같기도 합니다.

A9. 책은 지식을 하나의 결과물로 정리하고 공유할 수 있는 좋은 수단이자 가장 큰 동기인 것 같다.

→ 결과물로 정리하고 공유하는 수단, 네 그쵸. 책이 있으면, 이게 눈에 보이고 만질 수 있는 물건이어서 주변 분들한테 선물 드릴 수가 있어 좋습니다. 저도 최근에 알았는데요, 카카오톡 선물하기에 'OJT' 선물이 가능하더라고요. 그래서 예전엔 몰라서 카톡 선물하기로 스타벅스 커피 쿠폰을 주었거든요. 근데 이제는 상황에 따라 우리가 낸 책을 선물로 드리는 경우가 있습니다. 하여튼 최근에 알았어요. 카톡 선물하기가 가능하다는 것을요. 늦게라도 안 것이 다행입니다.

A10. 지인과 만날 자리가 있으면 전자책 전송해 주는 거는 좀 아쉬울 것 같아요.

→ 네 그렇죠. 이건 위에 언급한 선물하기와 비슷한 부분이 있는 것 같아요. 명절에 누군가 만났는데, 인사할 때 뭘 들고 가서 드리는 것과 그 자리에서 카톡으로 드리는 것은 주는 사람이나 받는 사람이나 분명히 느낌의 차이가 있습니다. 아직까지는요. 지금 중고등학생들에겐 아닐 수도 있습니다.

A11. 진입장벽이 높아서요.

→ 과거에는 정말 그랬죠. 예전엔 진입 장벽이 굉장히 높았습니다. 책을 내려면 출판사랑 계약이 되지 않는 이상 어려웠죠. 지금처럼 인터넷으로 거의 모든 정보를 파악하기도 어려운 시대였으니 정보의 불균형으로 인해 어려운 부분도 있었죠. 지금은 많이 낮아진 편이지만 여전히 처음 출판하려는 분들은 신경 쓸 것들이 많긴 합니다.

A12. 인세 받고 싶어서.

→ 좋은 말씀이에요. 책을 통한 인세 수입에 대한 관심이 더 많아지고 있음을 체감하고 있습니다. 그리고 저희도 종이책 인세가 있긴 한데 정말 미비하고, 작가와 브랜드로 자체 출간한 전자책들이 있는데 인세가 크진 않아도 계속 나오고 있어서 앞으로 어떻게 될지 지켜보고 있는 중입니다.

A13. 종이책이 여러 사업 응시에 더 유리할 것 같아서요. 오디오북이나 기타 등등...

→ 네, 경우에 따라 특정 프로그램이나 프로젝트, 정부 사업 등에 더 유리할 수도 있을 것 같습니다.

그리고 오디오북을 만드시려는 계획이 있는 분들은 웹서치를 좀 해보면요, 한국출판문화산업진흥원에서 지원해주는 프로그램이 있어요. 아마 직접비 간접비 등으로 나눠지는 게 있을텐데, 그걸 잘 찾아보시면 좋을 것 같아요. 성우 녹음 비용 등을 지원하는 것이 아닐까 싶은데, 저도 최근에 알았기 때문에 세부 내용까진 살펴 보지 못했습니다.

이런 오디북은 네이버 오디오클립, 윌라, 밀리의 서재 등에 올릴 수 있겠죠. 분명 오디오북 만의 차별화된 특징이 분명히 있습니다. 책을 읽으면 대화체에서 쉰 목소리나 자연의 소리, 음악 등을 상상할 때 아쉬움이 좀 있는데, 오디오 북에선 매우 간사하고 쉰 목소리로
"야! 이 자식아 이렇게 얘기한 것을 기억 못한다고?!"라고 뉘앙스를 살려 직접 들려줄 수 있으니 그 매력이 있는 것이죠. 이런 매력 때문인지, 출판 업계 전문가 분들은 오디오북 시장도 성장하고 있다고 보고 있습니다.

뒤에 소개할 목차는 일단 제가 이제 종이 책을 내는 과정에서 고민했던 내용들 중심으로 썼고 거의 시간의 흐름으로 됩니다. 그리고 큰 목차와 세부 목차로 말씀드리려고 하고, 앞서 언급한 '한 권으로 끝내는 OJT'를 산출물로 상상하면서 보시면 도움됩니다.

목차

1. 왜 굳이 종이책 출판을 하려고? 왜냐하면~
1) 작가의 고민: 어려움, 외로움, 의구심
2) 출판사가 당신의 작품을 외면할 때!

2. 결국 자비 출판? 글만 쓰면 안 될까요?
1) 출판사 등록이 땡길 때
2) 디자인, 인쇄, 창고 계약, 유통 계약, 서점 체크, 영업-마케팅
3) 안 팔린 책은 역주행으로 팔릴 수 있을까?

3. Q&A

<강의시 활용한 목차>

2. 왜 굳이 종이책 출판을? 왜냐하면~

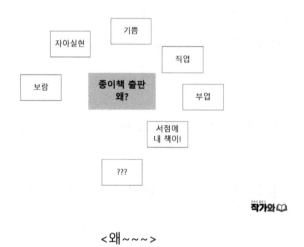

<왜~~~>

　방금 말씀하신 내용들이 이보다 더 많이 있었죠. 보람, 자아 실현, 기쁨, 직업, 부업, 서점이 내 책에 있고 등등이 있는데 여기서 제가 말씀 드리려고 하는 부분은 진짜 종이책을 출간하려고 진지하게 생각을 한다고 하면 출판사랑 계약해서 기획 출판을 하지 않는 이상은 일단은 한 번 더 고민이 필요합니다.

뭘 고민해야 하냐면 '내가 이걸 출판에서 뭘 하고 싶은지'입니다. 그래야 이 강의의 원래 제목인 '허와 실'에 대해서 상량할 수가 있습니다. 맨 마지막 페이지에서 한 번 더 말씀 드리겠지만 결국 내가 투자한 거 대비 시간이든 돈이든 효과가 커야지 하는 게 맞잖아요. 투자는 시간과 돈을 얼마나 들였는지 상대적으로 측정하기 쉬운데, 효과 또는 효익은 책 팔려서 번 인세, 여기서 파생된 강의와 같은 부가 수익 등을 빼면 정성적인 부분은 측정하기가 엄청 어렵거든요.

결국 정성적 효과 측정을 위해 귀결되는 게 출판의 목적 및 목표입니다. '내가 이걸 출판해서 어디에 써 먹으려고 하는지'가 초반에 명확할수록 좋은 것이죠. 나중에 바뀐다고 하더라도요. 그래서 가볍게 생각하지 말고 한 번은 종이책 출판을 왜 하려고 하는지 생각해보시길 권합니다.

지방 중소기업 임직원을 위해
실무 관련 좋은 책을 써서,
회사와 개인 성장을 지원하고
국가 발전에도 기여하기 위해 !

<목적1, 거창한 이유>

'너는 자비출판을 왜 했냐?' 하고 묻는다면 이게 표면적 이유였습니다. 제가 집도 서울이고 회사도 서울인데 컨설팅이나 기업 교육을 하다 보면 이제 지방으로 출장 가는 경우가 있습니다. 그런데 지방 공단에 소재한 중소기업 고객사에 가서 프로젝트를 하는데, 대화를 하다 보니까 관련 직원 분들이 배우려는 태도도 좋으시고 학습과 성장에 대한 갈증이 엄청 큰데 기회가 별로 없는 거예요. 컨설팅 받기도 어렵고 좋은 교육도 대부분 수도권에 몰려 있으니까 어려운거죠. 그래서 (OJT가 좋은 책인지와는 별개로)

업무 관련 좋은 책을 쓰고 이를 인쇄한 후 전국으로 유통시킨다면, 그러면 지방에 있는 대기업과 중소기업들도 더 잘 될 수 있고 그 안에 일하는 직원들도 성장할 수 있고, 그러면 회사와 직원들이 성장하니 신규 직원 채용도 더 많이 될거고, 그러면 결론적으로 국가 발전에도 기여하고. 이렇게 굉장히 고상한 생각을 했습니다. 어르신들이 제게 물으면 조금 전과 같이 답을 합니다.

실제 이유는 다릅니다.

<목적2, 비즈니스 활용하려고>

저희가 컨설팅 외에도 프로젝트 관리, 문제해결, 마켓 인텔리전스, 신사업 등의 주제로 기업 교육을 하고 있거든요. 즉 회사 다니는 임직원 대상으로 교육을 하고 단가도 높게 받는 편이에요. 그래서 책을 내자고 한 것이죠. 실제로 OJT를 만들고 이 책을 기존 고객 및 잠재 고객 분들께 선물로 드리는거죠. 교육 관련 기존 고객이라면 소위 말하는 HRD(Human Resource Development)의 교육 담당자들이 다 저희 고객이고 이분들에게 책을 보내는 것이 하나의 마케팅이 되겠다고 본 것이죠. 즉 교육 담당자께서 '한 권으로 끝내는 OJT' 내용을 보고 신입사원들 교육 의뢰를 하시면 좋겠다고 생각했습니다.

근데 실제로 저희가 이 책을 여러 잠재 고객에게 보내드렸거든요. 다시 말하면 모르는 고객들한테도 주소 파악한 다음에 랜덤으로 2권에서 5권까지 책을 뿌렸지요. 그래서 원래 저희 고객이 아니었는데 포스코에서도 강의 해달라고 연락이 왔었어요.

근데 더 적나라하게 솔직한 얘기를 하면은요. OJT 원고 쓰던 때가 쉬는 시기였어요.

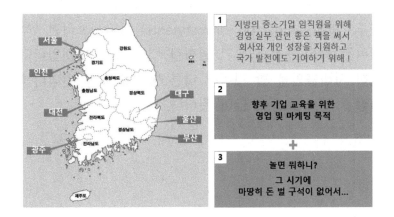

왜 굳이 종이책 출판을 하려고? 왜냐하면~   제 경우엔

1 지방의 중소기업 임직원을 위해 경영 실무 관련 좋은 책을 써서 회사와 개인 성장을 지원하고 국가 발전에도 기여하기 위해!

2 향후 기업 교육을 위한 영업 및 마케팅 목적

+

3 놀면 뭐하니? 그 시기에 마땅히 돈 벌 구석이 없어서...

<목적3, 솔직한 이유>

군대 용어로 공반기라고 컨설팅도 없고 교육도 없던 비수기인거죠. 그래서 '놀면 뭐 하니?'하고 뭐라도 해야 될 것 같은데 돈 벌 구석은 없었던 보릿고개 시절에 '글이라도 쓰자', 이게 진짜 이유였습니다.

결론적으로 돈을 벌려는 사전 투자 목적이 있었는데, 일이 없던 시기와 맞아떨어졌기 때문에 원고를 쓴 것입니다. 첫 번째 이유는 대외용으로, 고상하게 있는 척하려고 쓴 것일 뿐이고 두 번째 세 번째 이유가 더 큽니다. 아마 책 내려는 목적을 생각하면 다들 이렇게 복합적인 이유가 있으리라 생각을 합니다. 중요한 건 향후 ROI(Return on Investment)를 따져보려면 책 내려는 목적 또는 이유가 명확한 것이 좋다는 것입니다. 특히 자비출판을 할 것이냐 다른 방법을 찾을 것이냐를 결정할 때도 도움이 많이 됩니다.

1) 작가의 어려움: 지루함, 외로움, 의구심

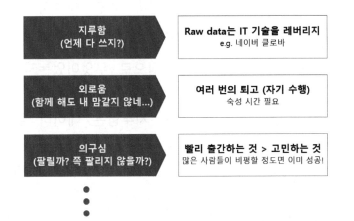

<어디 이 3가지만 힘들까...>

책 내려는 목적을 찾는 것과 별개로 원고 작성은 정말 어려웠습니다. 지금도 어렵습니다. 이번에 공유하려는 내용은 제가 겪은 문제들을 어떻게 해결했는지, 지금은 어떻게 해결하고 있는지입니다.

글을 쓸 때 여러 가지 어려움들이 있을 건데 저는 첫 번째가 지루함이었습니다. 진짜 이걸 '언제 다 쓰냐' 이런 생각이 들었고, 다음은 외로움 이더라고요. 원고를 혼자 다 쓴 것이 아니고 팀이 함께 했는데 팀원 분들의 글이나 글 쓰는 과정이 제 맘 같지가 않은 거예요. 협업해서 글을 쓰는데 그런 어려움이 있었고, 끝으로 '야... 이거 내면은 과연 팔릴까' 이런 생각이 수시로 들었거든요. 하루에 최소 10번 이상이요.

원고 준비의 어려움이 구체적으로 무엇이었는지 뒤에 하나하나 말씀드릴 거고 해결책에 대해 결론 먼저 말하자면, 첫 번째 글 쓰는 지루함은 네이버 클로바 같은 툴을 활용하면 많이 해결됩니다. 없는 것보다 훨씬 나아요. 전 글 쓰는 것보다 말하는 것이 더 편하기 때문에 원고 초안(Raw data)를 이런 툴을 활용하는 거에요. 말로 얘기하면 이를 다 녹음하고 글로 바꿔주니까요. 약어가 있거나 발음이 새거나 영어 단어 등이 들어가면 초안(로데이터)에 오탈자가 있긴 하지만 그래도 혼자 타이핑해서 쓰는 것보다는 훨씬 수월하거든요. 꼭 클로바가 아니라도 로데이터는 IT 기술을 레버리지(활용) 하는 것이 나아요.

두 번째 외로움은 어쩔 수가 없이 감내하셔야 해요. 앞에서 제가 저희 팀원들과 함께 글을 썼다고 했는데 혼자 쓰든 함께 쓰든 외롭더라고요. 팀이 함께 써도 외로운 이유는 팀원들이 쓴 글이 맘에 들지 않았기 때문이죠. 그건 '글을 잘 쓴다 못 쓴다'의 역량 문제가 아니고 '내 의도와 내 성향에 부합하냐 안 하냐'의 영역이어서 작문 선생님이 오셔서 코칭을 해주셔도 해결이 안 된다고 봅니다. 따라서 다른 분과 함께 글을 쓴다면 먼저 기대수준을 낮추고 체념하는 것이 마음 편합니다.

(각각 전문 영역이나 주제를 나누는 것은 상관없고요!)

그리고 의구심이 생기는 것, 이거는 말씀드리고 싶은 게 그냥 빨리 출간하는 게 훨씬 나아요. 예를 들어 쪽 팔릴까 봐 고민하는 것보다 얼른 출판하는 게 낫습니다. 왜냐하면 그렇게 심하게 챙피할 일도 아니고 누가 좀 뭐라고 하더라도 그 사람들은 소수이기 때문이에요. 많은 사람들이 내가 쓴 책을 비평할 정도면 오히려 좋게 생각해야 합니다. 왜냐면 이미 '많다'라는 말 자체가 많이 팔렸다는 거잖아요. 그게 훨씬 더 나은 상황인거죠. 비평하는 사람들은 부러워서 하는 얘기고 그렇게 부끄러운 말을 들을지언정 언정 빨리 출간하는 게 더 낫다고 봅니다. 이번 특강을 준비하면서 한 번 더 생각해봐도 원고가 준비되면 너무 고민하지 말고 빨리 출간하는 것이 낫습니다.

이젠 위 3가지에 대해 조금 더 상세 설명을 하겠습니다.

1.1) 지루함

<온오프믹스 활용 강의>

저는 글 쓰는 지루함을 어떻게 해결했냐면 지금처럼 특강을 먼저 했습니다. 글을 바로 쓰려고 했지만 그게 안 되서 말한 것을 녹음한 후 타이핑을 한 것이죠. 그 당시에는 클로바나 다들로가 없었거든요, 그래서 녹음된 것을 들으며 다시 타이핑을 해야 했습니다. 특강 준비는 온오프믹스라는 사이트를 활용했습니다. 지금은 이 사이트 외에도 활용할 플랫폼이 더 많아졌습니다.

하여튼 이런 플랫폼에 특강을 하겠다고 먼저 공지를 하는거죠. 그러면 1명이든 10명이든 강의 신청을 한 사람이 있으면 저는 PPT로 강의 자료를 준비하고 특강을 그냥 했어요. 바로 지금처럼요! 몇 명이 신청했느냐는 별로 안 중요해요. 목적 자체가 책 내려는데 바로 글 쓰기 힘들어서 특강을 먼저 하는 것이니까요. 물론 한두 명만 오면 좀 섭섭하긴 한데 중요한 건 로데이터를 모으는거죠.

심지어 지금도 이 내용을 녹화한 후 '1천만 원 자비출판의 명암'이라는 전자책을 낼 예정이에요. 지금 말하는 걸 싹 다 녹음하고 로데이터를 전부 정리한 후 글을 보완해서 출간 하는거죠.

그러면 지금 특강에 참석하신 분들은 출간 과정을 더 생생하게 상상할 수 있고 책 내는 것이 별 것 아니란 생각도 들거에요. '있는 그대로 로데이터 모아서 전자책 낼 수 있구나'에 대한 과정을 보여드리려 하는 거예요.

끝으로 지루함을 없애는 것이 꼭 특강만 있냐? 그렇지 않아요. 출퇴근 길이나 자기 전에 스마트폰 음성 녹음 기능을 활용하여 하고 싶은 이야기를 녹음하는 것도 방법이에요. 머리로 큰 틀의 이야기 흐름을 준비하고, 그에 대해 그냥 편하게 녹음하는 것이 좋아요. 녹음할 때부터 실수하지 않으려 하면 오히려 더 말이 막히더라고요. 이것도 지금 별도로 공유할 부분이 있긴 한데 논지에 어긋나니까 다음 기회에...

1.2) 외로움

<2015년부터 2018년까지의 원고 버전들>

그 다음 두 번째 어려움은 외로움에요. 협업해 글을 써도 외로워요. 앞서 다른 분들이 '내 맘대로 안 된다'라고 말씀 드렸잖아요. 위 파일 목록 사진을 바탕으로 좀 설명하면 금방 이해하실거에요. 미팅 노트 첫 번째 버전의 파일이 2015년 4월에 작성한 거에요.

같은 날에 'LIVE'와 'ver1' 파일이 있잖아요. Live 파일이 말한 것을 그대로 타이핑한 것이고 ver1 파일이 동어 반복한 것 지우고 어법에 맞지 않게 막말한 것을 1차 수정한 파일이에요.

그 뒤 5월에 목차를 정하는 등 구조화를 한 번 하고요. 이 때만 해도 2015년도에 책을 낼 수 있을 줄 알았어요. 근데 초반에 말씀 드렸듯 원고를 쓰는 이때가 쉬는 시기라고 했잖아요. 돈 벌 거리가 없는 시기, 그렇게 시간을 보내가 갑자기 프로젝트가 생기고 교육 의뢰가 들어온 거예요. 손가락을 빨며 몇 개월 보낸 사람은 이 말을 잘 알고 있을 거에요. '물 들어올 때 노 저으라고' 그래서 다시 프로젝트도 하고 교육도 하느라 2년 동안 책을 쓸 수 있는 여력이 없었어요. 어떻게 보면 핑계죠. 지금 생각하면 책은 쉽게 쓰고 전자책으로 먼저 내야 하는데, 그 당시엔 그걸 몰랐어요. '작가와'란 좋은 사이트도 없었고요 ㅎㅎ.

하여튼 2년 후 17년도가 되어 또 다시 보릿고개가 왔어요. 보통은 직장인들이 7월, 8월에 여름 휴가를 가서 이 기간엔 교육도 별로 안 하거든요. 이 때 컨설팅 프로젝트도 안 돌아가면 회사 입장에선 비수기인 거죠. 다시 또 '놀면 뭐 하냐' 하고 열심히 글을 쓴 거죠.

그러다 또 돈 주시는 고객이 생기면 거기에 집중하고, 그렇게 바쁜 시간이 흐른 뒤 다시 2018년 2월에 한가해지고요. 그럼 또 원고 쓰다가, 바빠지면 멈추고. 요지는 글을 정말 잘 쓰거나 의지가 강한 분이 아닌 저희처럼 평범한 사람들은 원고 마무리하는 것도 쉽지 않다는거에요. 그게 지극히 정상적인 사람이에요.

하여튼 이 책이 2018년도 가을에 나왔거든요. 제 기억으로 8월에 원고는 마무리 했지만 인디자인으로 디자인하는 회사, 인쇄하는 회사와 교정(바운싱) 소통을 하다가 10월에 출판이 되었어요.

그냥 여러 번 퇴고하는 과정 자체가 힘든거지 팀원들과 함께 협업하며 글을 쓰는데 왜 외롭다고 했는지 궁금하시죠? 방금 전 원고 마무리까지 띄엄띄엄 시간이 오래 걸렸단 것을 말한 이유와도 연관되어 있는데, 그 이유는 다른 팀원들은 나만큼 원고에 관심을 갖기 어려워서에요. 함께 쓰는 책이라고 해도 누군가 한 명은 '마무리 짓겠다'는 생각을 가져야 하잖아요. 일단 그 생각을 가진 사람은 외로울 수밖에 없어요.

그리고 단어, 문구, 문장, 단락을 고치는 과정에서도 '나

혼자만 애쓰고 있구나'란 생각이 들어요. '왜냐하면'이라고 문장 초입을 썼으면, '때문이다'로 마무리를 지어야 하잖아요. 그런데 이런 비문을 보면 힘이 빠지거든요. 초반엔 팀원들이 쓴 비문을 발견하면 문장 피드백을 주면서, 바른 한글 작성 역량이 향상되면 해결되리라 생각했어요.

이 생각이 나의 오만이란 걸 깨달은 시기는 2018년 8월, 책이 거의 마무리될 즈음이었어요. 원고 작성 과정에서 글의 흐름이 바뀌거나 새로운 내용이 추가되는 경우가 종종 있었는데, 다른 사람들이 어떻게 내 마음을 알겠어요. 그러니 협업도 힘들고 원고 마무리도 직접 해야하는거죠.

여하튼 이러한 이유들로 미팅 노트, 인터뷰 노트를 정리하는 것은 굉장히 중요합니다. 회사가 한 사람에게 업무의 모든 책임과 권한을 위임하고 아예 신경을 쓰지 않는다면, 개인 스스로 처음부터 끝까지 일을 수행하기 때문에 업무 경과를 정리할 필요가 없다고 생각할 수도 있습니다.

이것은 비단 회사일이기 때문이 아니라 개인적으로도 성장하는데 도움이 되기 때문에 중요성을 인식하고 배우는 것이 좋다.

회의록

고객사와의 회의에서 팀장과 팀원들이 모두 회의록을 적었다고 해보자. 미팅 후, 상급자는 팀원들이 작성한 미팅 노트와 자신의 것을 비교하였다. 그런데 고객사가 언급한 내용 중 상급자가 생각하기에 중요한 포인트가 있었는데, 팀원들 노트에는 누락되었다고 생각할 수 있다. 이런 경우, 팀원들은 각자 판단에 의해서 미팅 노트를 작성하였음이 드러나기 때문에 곤란하게 된다.

당신이 현장에 있는 담당자들이 참석하는 회의에 참석했다고 해보자. 이 회의에는 공장장, 생산계획, 품질관리, 생산관리 담당자 등이 참석할 예정이었다. 그런데 품질관리 담당자가 참석을 못했다고 해서, 후에 회의에 이 사람 의견은 반영이 안 되었다고 할 수 없다. 이런 경우에는 참석을 못한 결원도 메모를 해 둔 다음, 회의에 참석하는 다른 사람들에게 "품질관리 담당자는 이 자리에 참석하지 못했는데, 품질관리 담당자도 같은 의견일거라고 생각하시나요?"처럼 의견을 물어보고 기록해야 한다. 그렇다면 보통은 "제가 품질관리 담당자가 아니기 때문에 말하기 어려운데~"라고 운을 띄우며 여지를 두긴 하겠지만, 그래도 같이 현장에서 일하고 있기 때문에 회의에 참석하지 못한 다른 구성원의 의견을 어느 정도 대변해서 이야기 할 수 있다. 이 때 결원을 표시

<마지막까지 원고를 고민한 흔적>

제 경우를 예로 들면 위 이미지처럼 파란색(가운데) 문단은 마지막까지 넣을까 뺄까 고민한 것이고 빨간색(맨 하단)은 빼려고 생각 중이지만 혹시 몰라서 남겨둔 것이에요. 가끔은 삭제하려고 했던 이전 글을 다시 살려야겠다고 생각할 때도 있어요. 생각이 이렇게 바뀌면 교정 교열 전문가가 와도 해결이 안되요. 하물며 없던 내용이 추가되면 말할 것도 없죠.

즉 내 맘에 드는 글은 같이 글을 쓰거나 도움 준 분들의 작문 실력과 아무 상관이 없어요. 함께 글을 써서 출간하는 것 자체가 어려운 것이죠. 이 말은, 결국 혼자 마무리 해야 한다는 거에요. 다시 말하면 다른 사람이 내 마음을, 내 생각을 읽을 수 없으니까요. 나도 내 마음을 모르는데... 결론은 외로움이 작가님에게 글 쓰는 게 힘들지 않냐고 속삭일 때 이제는 더 이상 피하거나 두려워하지 말아요. 외로움은 작가님 누구에게나 죽는날까지 헤어질 수 없는 친구일뿐이니까요. (N.EX.T, '외로움의 거리' 차용)

하여튼 이 경험을 하면서 교정 교열 전문가 분들을 정말 존경하게 되었어요. 작가님들이 쓴 글의 의도를 생각하며, 그리고 작가님의 작문 스타일에 맞춰 문장을 고쳐주시니까요.

오해할까봐 노파심에 첨언하면, 처음부터 특정 주제나 챕터를 나눈 후 글을 쓰는 건 더 좋아요. OJT 목차를 예로 들면 자료 수집 및 분석은 A가 쓰고, 보고서 작성은 B가 쓰는거죠. 그리고 책 소개에서 A와 B가 어떻게 역할 분담을 했는지 소개하면 글 쓰는 부담이 줄어드니까요. 심지어 A는 반말로 쓰고 B는 존대말로 써도 상관없고요.

1.3) 의구심

마지막은 '책이 과연 팔릴까?', '한 권도 안 팔리면 어떻게 정신승리하지?', '이 책 보고 사람들이 허접하다고 욕하지 않을까?', '책 초반에 오자 쓰면 안 된다고 해놓고, 책에서 여기 저기 오탈자가 보이면 어떡하지?'와 같은 수많은 걱정과 의구심이 들어 어려웠습니다.

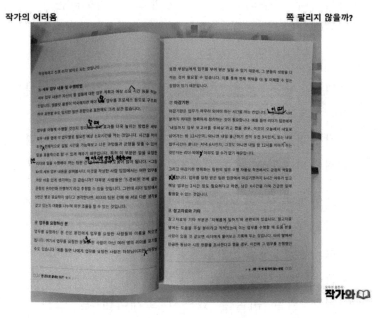

<인쇄 이후에 보이는 오탈자들>

게다가 이렇게 열심히 고치고 고치고 또 고치고 해서

책을 냈는데도 불구하고, 인쇄된 책을 보니까 고치고 싶은 게 그리고 고쳐야 하는 게 또 보이는 거예요. 저희가 2천 부를 인쇄했는데 이게 한 번 인쇄되면 돌이킬 수 없잖아요. 즉 2,000부를 짬 처리할 수가 없어요. 근데 책에 마음에 안 드는 문구, 문장들이 보이는 거예요. 작게는 쉼표부터 크겐 하나의 단락까지요. 대표적 예로 김익한 교수님이 피해야 하는 문장으로 '적,의,것,들' 이란 표현을 말씀해주셨는데 다시 읽어보니까 '것' 이란 표현도 엄청 많고요.

그럼에도 불구하고 제 생각엔 그냥 내는 게 나아요. 우선 고치는 게 한도 끝도 없어요. 이전 글에서 여러 버전의 워드 파일명을 이미지로 공유했는데, 사실 파일은 이보다 더 많았어요. 즉 뜯어 고친 횟수가 2배에서 3배는 많았죠. 이상하게 볼 때마다 고치고 싶은 부분이 보여요. 그래서 그냥 빨리 내는 것을 추천해요.

그리고 처음에 말했듯 많은 사람들이 욕한단 얘기는 일단 책이 많이 팔렸음을 의미하니까 좋은거에요. 더 막말하면 책 사서 억울한 사람이 손해지, 난 이미 책 팔아서 인세는 챙겼잖아요. ^^ 아, 사람들이 욕하면 결국 평판이 나빠지고, 평판이 나빠지면 나중에 뭔가

할 때 걸림돌이 되지 않겠냐고요? 계산하진 않았지만 확률적으로 무시해도 되리라 생각해요. 마치 내가 어떤 정치인을 욕한다고 해서 그 정치인이 내 욕으로 인해 영향을 받지 것처럼요. 하물며 난 그렇게 유명하지도 않으니 더 걱정할 것이 없죠.

2) 출판사가 당신의 작품을 외면할 때

No	출판사	적합성결과	컨택 여부	결과	연락처	비고
1	BOOK 21	ok	7월 7일, 웹 신청		https://www.book21.com/company/proposal.html	
2	RHK(랜덤하우스)	ok	7월 7일, 금, 메일로 보냄		https://ebook.rhk.co.kr/front/utility/manuscript.do	https://ebook.rhk.co.kr/front/main/main.do
4	국일미디어	ok	7월 7일, 금, 웹 신청		https://www.ekugil.com/sub/sub05_02.php	http://www.ekugil.com/main/main.php
6	김영사	ok	6월 29일 목, 메일 신청	거절답변	books@gimmyoung.com	
10	다산북스	ok	7월 7일, 금, 웹 신청		http://dasanbooks.com/2012_new/menu4/menu4_11.html	
12	더난출판사	ok	7월 7일, 금, 웹 신청		http://www.thenanbiz.com/	
17	매경출판	ok	7월 5일, 전화미팅	자체보류	publish@mk.co.kr	두드림미디어 OOO 통해대 착교, 750만원 요구함
18	메디치미디어	ok	7월 7일, 금, 메일로 보냄		medici@medicimedia.co.kr	
27	비즈니스북스	ok			bb@businessbooks.co.kr	
28	샘앤파커스	ok	7월 7일, 금, 메일로 보냄		book@smpk.kr	
30	세계사출판사	ok	7월 7일, 금, 웹 신청		plan@segyesa.co.kr	http://www.segyesa.co.kr/
31	세종서적	ok	7월 7일, 금, 웹 신청		https://www.sejongbooks.co.kr/board_doc/doc_board_write.php?id=bookstory	
35	스마트북스	ok	7월 7일, 금, 웹 신청		https://www.smartbooks21.com/about/publication	https://www.smartbooks21.com/
36	시공사	ok	7월 7일, 금, 웹 신청		https://www.sigongsa.com/cicenter/registcraftform.php	
44	웅진씽크빅-걷는나무	ok			https://www.wjthinkbig.com/WJBooks/CopyReceipt	
45	위즈덤하우스	ok	6월 29일, 메일	거절답변	wisdomhouse1@wisdomhouse.co.kr	
49	중앙북스	ok	7월 7일 금, 메일로 보냄		jbooks@joongang.co.kr	
51	청림출판사	ok	7월 7일, 금, 메일로 보냄	거절답변	cr1@chungrim.com	life@chungrim.com
55	한겨레 출판	ok	7월 7일, 금, 메일로 보냄		http://www.hanibook.co.kr	book@hanibook.co.kr
59	한빛비즈	ok	7월 7일, 금, 웹 신청		https://www.hanbit.co.kr/publisher/write.html	별도 기획서가 없음
59	효형출판	ok	7월 7일, 금, 메일로 보냄	거절답변	book@hbooks.co.kr	
60	스텍엄복스	△				http://www.wrgo8.com/
61	월영원북스	ok	2018년 7월 9일 월, 메일로 보냄		khg0129@hanmail.net	OO선배가 '처음 시작하는 부먹' 읽고 출판사 추천

14

작가와 📖

<출판사로부터 거절당한 흔적들>

저희도 처음부터 자비출판을 생각한 것은 아니었거든요. 그러니 앞서 말한 작가의 어려움을 극복하고 원고가 어느 정도 정리되었거나 마무리 되었으면 출판사를 컨택해야 하잖아요? 왜냐하면 우린 베스트셀러 작가가 아니고 연예인도 아니고 정치인도 아니고 유명한 기업가도 아니니까요. 최근 책을 내려는 지인은 약 160개 출판사에 투고했다고 하더라고요.

저희도 그 당시 찾은 출판사는 100개 넘었고요, 팀원들이 보기에 완전 말도 안 되는 것을 바로 빼니까 70 여개, 제가 봤을 때 생각할 필요가 없는 곳을 또 빼니 약 60개 정도의 출판사로 추려지더라고요. 말이 좋아 우리가 추린 것처럼 보이지만, 실제는 출판사가 저희를 걸러내긴 했죠.

어쨌든 약 60개의 출판사를 두고 '적합성'이란 기준으로 다시 분류했죠. 위 이미지에선 'ok'라고 표현된 곳이 책의 주제와 어울린다고 생각한 출판사에요. 즉 'OJT'의 내용이나 특징이 출판사가 이전에 출간한 책과 얼마나 어울리느냐를 본 것이에요.

그 다음 우측에 '컨택 여부' 열에 뭘 쓴거냐면 우리가 연락 보내고 피드백이 어떻게 왔는지를 정리한 것이에요. 6, 김영사 행을 보시면 '6월 29일 메일 신청'이라고 써 있잖아요. 그게 우리가 투고한 것이죠. 그리고 바로 옆 '결과' 열을 보시면 '거절당함'이라고 쓰여져 있죠? 말 그대로에요. 보통은 '작가님의 작품은 훌륭한데, 지금 저희의 출판 철학과 맞지 않아.... 아니면 지금 저희가 프로젝트가 많아 추가 책을 기획할 여력이 되지 않아...' 이런 식으로 부드럽게 회신을 보내요. '너 책 별로야' 라고요.

그나마 이렇게 거절당하면 괜찮아요. 여기에 '거절당함'이나 다른 메모가 없는 셀이 많잖아요. 이건 모두 그냥 생깐 거예요. 열심히 기획안 보내고 원고 일부 보내고 했는데 무시 당한거죠. 메일 보내면 상대가 읽었는지 안 읽었는지 수신확인이 되잖아요. 확인해봤더니 5일 지나도록 안 읽는 곳도 있었어요. 그러면 전화해서 투고 메일 보냈는데 확인해달라고 또 부탁하고요.

하지만 생각해 보면 출판사 입장이 이해가 되기도 해요. 이분들 얘기 들어보니까 하루에도 10건 20건, 많게는 50건 넘게 투고가 계속 들어온대요. 담당자가 하루에 몇 십건 넘는 원고를 살핀 다음에 그것들 중 괜찮은 거를 찾아야 하잖아요. 얼마나 피곤하겠어요. 그러니까 보는 사람 입장에서 출간 기획서가 정말 매력적이고 '이거 괜찮겠는데!' 해야지, 그 다음 출판사로부터 '작가님, 같이 한 번 해보시죠' 하고 피드백이 온다는 거죠.

저희도 자비출판 후 뼈저리게 깨달았어요. 'OJT의 제목도, 목차도 너무 평범했구나'하고요. 일단 친구 조언을 받고 '한 권으로 끝내는 OJT'라는 제목을 정하긴 했는데, 제목만 봤을 때 확 끌어당기지 않았던

거죠. 지금 제목을 지으라고 한다면, '이거 없이 신입하면 욕 먹는다' 이런 식으로 지을 것 같아요.

목차

A. 업무 명확화
1. 의사소통의 본질
2. 두 번 일 하지 않는 방법

B. 자료 확보
3. 자료 조사를 위한 사전 준비
4. (온라인) 웹 리서치를 제대로 하는 방법
5. (오프라인) 심층 고객 조사 방법 ? 설문
6. (오프라인) 심층 고객 조사 방법 ? 인터뷰
7. 활용도 높은 회의록을 정리하는 방법

C. 현황 분석
8. 정량적(수치) 자료를 분석하는 방법
9. 정성적(텍스트, 사진 등) 자료를 분석하는 방법

D. 문서 작성
10. 의미가 명확한 한글 사용 방법
11. 리더가 원하는 보고서 작성을 빨리 하는 방법

E. 부록
12. 이메일을 잘 쓰는 방법

<한권 OJT의 재미없는 목차>

세부 목차가 업무 명확화, 자료 확보, 현황 분석, 문서 작성 이렇게 평범하게 되어 있는 것도 기존 큰 출판사의 선택을 받지 못한 이유가 되었어요. 이런 마상을 입게 되면 자연스럽게

'내가 그냥 직접 출판하고 만다!' 란 생각이 들게 되요. 저만 그런가요? 이런 생각이 들 때 어떻게 해야 하는지를 다음 장에서 말씀드릴께요.

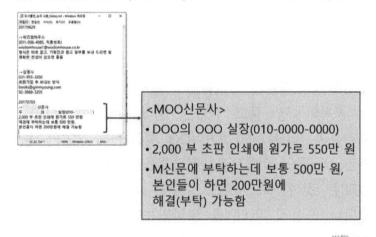

<이런 비즈니스도 있군... 흠>

거절을 많이 당했다는 것과 별개로 저희가 따로 경험한 게 있거든요. 메모장을 보시면 위즈덤 하우스, 김영사, 그리고 아래 비워뒀는데 여기가 M신문사에요. 이 특강의 제목을 생각할 때 알고 계시면 도움이 될 것

같아 소개해요.

어쨌든 저희도 초반에 좀 괜찮은 출판사를 통해 책이 유통되면 좋겠다는 마음이 있어서 여러 곳을 연락했는데 M신문사에 직접 연락을 하려니까 잘 안 되더라고요. 그런데 여길 컨택하는 과정에서 두OO의 이OO 실장님을 알게 되었어요.

그때 이분이 얘기하기를 2천부 인쇄할 때 최소 인쇄 원가만 550만 원 든다는거에요. 그리고 M신문에 부탁하는데 보통 500만 원이 든대요. 근데 자기한테 의뢰하면 출판사 이름을 표지에 표기하는 데 500만원이 안 들고 200만 원에 가능하다는거에요. 요약하면 '너(작가)가 나(이OO 실장)한테 750만 원을 주면 M신문사 이름으로 2천부를 인쇄하고 유통시킬 수 있다'는 것이었죠. 저희도 호구가 아니어서 인쇄비용이 얼마나 드는지 미리 좀 알아봤는데, 적정 금액이 약 370만 원 정도였거든요. 그래서 이 분이 하는 얘기는 신뢰가 가지 않았죠. 거기에 디자인 및 인쇄는 내(작가) 돈으로 해야 하고 M신문 이름만 빌려 쓰는데 200만 원을 별도로 써야 한다는 것도 내키지 않았고요.

하여튼 '알겠다' 하고서 전화를 끊었는데, 한 2, 3일 후에 다시 연락이 오긴 하더라고요, 한 번 생각해봤냐고. 일단 더 생각해보겠다고 하고 기존 저희를 외면한 출판사로부터 배운 걸 활용해, 부드럽게 거절했죠.

어쨌든 이런 숨은 구조가 있다는 것을 시작하기 전엔 몰랐어요. 중요한 건 무엇을 결정하든 사전 스터디를 해야 덤탱이를 안 쓰고 사기를 안 당한다는 것이에요.

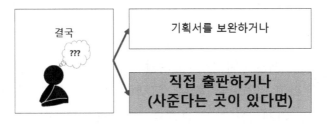

<출판사가 내 작품을 외면할 경우의 선택지>

유명한 출판사를 통해서 기획 출판으로 책을 내고

싶은데 퇴짜를 맞았다면 결국 기획서를 보완해야 돼요. 힘들게 원고를 마무리 했는데 원고를 다시 쓰긴 쉽지 않으니까요. 출판기획서엔 '이 책(한 권으로 끝내는 OJT)은 회사 교육 담당자를 타깃 고객으로 하고 있는데, 출간하면 수요층이 분명히 있다'와 같은 내용들도 잘 표현되어야 하고 '이 책과 유사한 책은 어떤 책들이 있는데 그런 책들과 OJT는 이런 차별점이 있다'와 같은 내용도 작가가 직접 다 써야 돼요. 여기에 가설적 목차라고 해도 OJT 목차를 반면교사 삼아 매력적으로 써야 하고, 원고의 일부 글도 흥미진진해야 하며, 담당자가 내 기획서를 볼 때 배고프지 않은 상태의 좋은 기분이어야 하니까...출판사와 계약 맺기가 어렵죠.

'그러면 어떻게 하면 되느냐' 이때 대안이 직접 출판하는 거죠. 여기서 고려할 것이 있는데 '출판하면 사줄게'라고 말하는 확보 고객이 어느 정도 있어야 됩니다. 이게 정말 중요해요. 출판했는데 아무도 안 사주면 생돈 1,000만원을 버리는 셈이 되는데 '무조건 사줄게'라는 고객이 있으면 일부 돈이라도 건지니까요.

'잠깐! 자비출판에 정말 1,000만원 드나요?'

네, 소위 말하는 책다운 책을 몇 천부 찍으려면 그 정도 원가가 발생해요. 저희도 직접 글 쓰는 데 투입한

시간 외에 2도 인쇄를 했음에도 불구하고 인쇄비가 약 400만 원, 책 표지, 내지 등의 디자인에 약 400만 원, 홍보도 약간 하는 등 나머지 이것저것 하느라 약 100만 원 정도 쓴 것 같아요.

책을 사준다는 분들이 있어야 한다고 말했잖아요. 저희는 기업 임직원 대상으로 교육하는 것도 있어서 기존 기업 고객분들에게 책 나오면 살지 물어봤거든요. 이 분들이 '너무너무 좋다', '야! 그거 책만 나오면 우리가 무조건 100부는 사줄게' 등의 피드백을 주셔서 장미빛 희망으로 500권은 팔리리라 예상했거든요. 이 결말은 조금 뒤에 말씀드리고...

살롱·취미

차이를 만들어 내는 업무 기본기<한 권으로 끝내는 OJT>

모인금액
2,130,240원 **106%**

남은시간
0초

후원자
96명

목표금액 2,000,000원 달성
펀딩 기간 2018.08.31 ~ 2018.09.30 마감
결제 2018.10.01에 결제 진행

♡ ⌦   후원 정보 확인하기

<텀블벅 활용 사례, 2018>

제가 의심이 많아 플랜 B도 준비를 했죠. 그때 이용한 게 텀블벅이었어요. 텀블벅이라고 크라우드 펀딩을 도와주는 사이트에요. 저희가 이용할 때보다 지금은 더 업그레이드 되었던데, 예나 지금이나 아무거나 다 올릴 수 있는 게 아니에요. 여기 나름대로 심사 기준이 있어서 거기에 맞춰 글과 사진을 업로드 해야 해요. 저희도 그 기준에 맞춰 내용을 쓰고, 책을 선 구매하면 책에 나오는 리서치 자료와 PPT 자료(더미 팩, 미리 그려놓은 도식화된 이미지)와 Ball park figure 엑셀 파일 등 이것저것 파일 선물을 함께 준다고 하면서 활용했죠. 위 그림 보시면 목표 금액이 200만 원이었는데 간신히

44

100%는 달성했어요. 미리 고백하면 지인들 있잖아요, 가족, 친척, 친구 이런 분들한테 판 게 약 4분의 1은 된 것 같아요. '네가 뭐 한다는데 불쌍해서 사줄게' 뭐 이런 느낌? 나머지도 완전 모르는 사람이 사준 비중은 별로 크지 않아요. 결국 영업을 한 거죠.

어쨌든 책 1권에 만 원이라고 계산하면 기업고객이 500만 원, 텀블벅에서 200만 원, 그러면 자비출판 부담이 확 줄잖아요. 좀 더 정확히 900만 원 투자와 200만 원 투자의 차이에서 오는 부담감은... 제가 생계형 직장인이어서 지금도 엄청 커요.

자, 이제 여쭤볼게요 기업 고객들이 사준다고 한 양이 500권이었잖아요. 근데 이 분들이 500권을 사줬을까요? 안 사줬을까요?

.

네, 500권 안 사줬어요. 그렇게 얘기했던 분들 통해서 책이 실제로 팔린 거는 그 당시에 한 50권도 안 됐어요. 즉 10%도 안 돼요, 그런 말을 믿으면 안 된다는 거예요. 그렇다고 섭섭해 할 필요도 없어요.

그게 원래 자연 법칙이고 당연한 거니까요. 그분들도 한 번에 100권 사려면 윗 분들에게 기안 올리고 승인받아야 하는데, 그 과정이 자연스럽게 물 흐르듯 진행되어야지 무리할 수는 없으니까요. 따라서 앞서 말한 텀블벅 통해서 강매하는 게 아닌 이상 책만 내면 그냥 팔린다는 생각은 보수적으로 안 하는 편이 좋아요.

3. 결국 자비출판? 글만 쓰면 안 될까요?

작가와 📖

17

<강의시 활용한 목차 페이지, 책 목차와 조금 다름>

1) 출판사를 등록하고 싶은 이유

결국 자비출판해야 하나? 이제 글만 쓰면 안 될까요? 출판사 등록 얘기하기 전에 잠깐 얘기를 할 것이 있는데 '출판사가 언제, 왜 필요하냐' 입니다. 제가 생각했을 때 크게 네 가지 정도 이유가 있습니다.

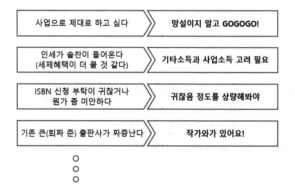

<자비출판 생각이 날 때>

'나는 그냥 책 쓰고 끝내는 게 아니라 이것으로 하나의 사업을 하고 싶어' 그렇다면 망설이지 말고 사업자 신고하고요, 개인 사업자든 법인사업자든 사업자 신고하고 출판사를 등록한 다음에 활동하시길 권합니다.

이미 인세가 솔찬이 들어온다. 그래서 사업자 신고하는 것이 세제혜택이 더 있을 것 같다. 그렇다면 사업 소득 세금을 고려해야 돼요. 사업으로 운영하는 것이 아닌 개인 작가로 활동할 경우 기타 소득세를 내면 되고요. 사업 소득은 3.3%고 기타 소득은 8.8%인데, '기타 소득세율이 더 높으니까 이게 불리한

거 아니야?'라고 생각할 수도 있지만 그렇지 않아요. 기타 소득의 60%를 필요경비로 인정을 해주기 세금을 부과하는 부분은 실제 소득액(작가님에겐 인세)의 40%에 세금을 부과해요. 이게 무슨 말이냐면, 내가 인세로 100만원을 받는다고 할 때 그 중 40만원에 대해서만 세금을 내는데, 이 때의 기타소득 세율은 22%이기 때문에 8.8만원을 세금으로 낸단 의미에요. 그래서 전체 100만원 중 8.8%가 기타소득세율이라고 보면 되는거죠.

근데 사업 소득 같은 경우 매출(인세)의 3.3%를 세금으로 내지만 비용 인정을 해주지 않아요. 즉 천만 원을 벌었다고 하면, 천만 원에 대해서 세금을 다 내야 되거든요. 세율은 소득 구간에 따라 다르고요. 그래서 이게 뭐가 차이가 있는지 깊이 있게 알고 싶다면 따로 고민하고 공부하시면 되요.

좀 복잡하죠? 우리 작가 입장에서 책을 내고 인세 수입을 생각하면 이것만 구분하시면 돼요. 일단 인세가 크지 않다면 기타 소득이 세금 측면에서 유리하고 종합소득세 신고도 신경 쓸 필요가 없기 때문에 편하다. 그럼 인세는 어느 정도까지? 정확한 금액은 까먹었는데 약 구백 몇 십만 원까지의 인세는 기타 소득이 낫다고 해요. 기타 소득으로 순수하게 930만 원이 넘지 않으면 국세청 직원들이 이거 가지고서 따지지 않는대요. 애초에 들여다보지 않는다고 하더라고요. 왜냐하면 인세에 60% 비용 빼고, 다른 내역도 계산하고 하다 보면 세금을 걷어봤자 얼마 안 되니까 그건 아예 신경을 안 쓴다고 하더라고요. 그래서 내가 사업으로 돈을 굉장히 많이 벌고 이걸 제대로 하고 싶다 또는 출판사 운영을 통해 다른 일도 하려는 게 아니면 기존 출판사를 이용하는 게 나을 수 있다는 거죠.

그 다음 책을 출판하려면 ISBN이 필요하거든요. 이게 왜 필요하냐면 교보, YES24, 밀리의 서재 등에 책을 유통시키려면 ISBN이 필요하기 때문이에요. 크몽에 유통하는 것과 교보에 유통하는 것이 다른데 크몽은 일단 pdf 고요 교보는 pdf도 있긴 한데 이런 서점에선 보통 EPUB으로 책이 유통되거든요. 또 하난 우리가 아는 서점의 전자책은 DRM(Digital Rights Management)이라고 하는 보안 시스템이 잘 갖춰 있는데, 크몽 같은 곳의 pdf 파일은 복제 및 공유가 정말 쉽거든요. 여기선 pdf 파일 구매자가 다운로드한 pdf 파일을 친구한테 카톡으로도 줄 수 있어요.

그래서 이런 아쉬움 때문에 교보같은 서점에

유통시키고 싶은 분들도 있는데, 이 때 필요한 ISBN을 발급받으려면 출판사가 있어야 돼요. 그래서 기존 출판사에 부탁해 ISBN 신청을 하려고 하니까 돈이 들거나, 부탁하는 게 귀찮거나, 신청하고 기다리는데 시간이 걸리거나 등등 이런 게 나 짜증 난다 하면 출판사를 등록하는 게 나을 수 있다는 거죠. 장기적으로 책을 몇 십 권 이상 출판하실 계획이라면요.

개인이 교보문고에 내 종이책을 유통시키는 방법으로 POD(Publish On Demand)라는 것도 있는데, 이건 독자가 책을 주문하면 그 때 한 권 한 권 제작하는 방식이에요. 작가님들이 소장용으로 만들고 직접 구입해서 주변에 나눠드리기도 하고요. 근데 '자비출판'을 생각하시는 분들은 1,000부 이상의 인쇄를 염두하는 경우가 많아서 POD를 생각하는 분들과는 출판 목적이 조금 다르다고 보시면 되요.

끝으로 기존에 저희처럼 김영사, 더난, 이런 데 책 내달라고 연락을 했는데 출판사로부터 다 퇴짜를 맞은 거예요. 그러면 밀려오는 짜증, 실망, 번뇌 등으로 속으로만 알파벳 I와 C를 내뱉는거죠. 이러면 이제 '내가 그냥 하고 만다'란 생각과 함께 어느 순간 출판사를 등록하는 내 모습을 보게 되요. 근데 지금은 대안이 있습니다. 네, 저희 작가와! 이제 막간의 홍보 아닌 홍보 같은 정말 편한 '작가와'가 그런 허드렛 일들을 다 대신해드린다. 이것만 기억하시면 됩니다.

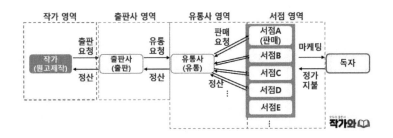

<출판사 밸류체인>

출판사를 운영하려 한다면 우리가 쉽게 상상할 수 있는 밸류 체인을 먼저 이해하고 결정해야 좋아요. 왼쪽에서부터 작가분들이 글을 먼저 쓰고 출판사에 '이거 출판해 주세요'라고 요청해요. 투고한 글이 출판사 마음에 든다는 가정 아래, 작가님과 출판사가 계약을 맺고 출판사는 교정, 교열, 윤문, 디자인, 인쇄 등을 한 후 이 책을 유통사에 유통 요청을 해요. 즉 출판사에서 각각의 서점에 바로 책을 보내는 것이 아니에요. 그 업무를 대행하는 것이 유통사인거죠. 유통업체 중 가장 큰 곳이 북센이에요. 이전엔 송인서적이 있었는데 부도났죠. 저희도 송인서적에 책을 맡겼다가 못 받은 책이 있어요 (TMI). 그 후 여기 교보 같은 서점에 보내고 끝으로 독자가 책을 사는 구조로 되어 있습니다. 개괄적으로 말씀드렸고, 이 정도는 금방 이해하셨으리라 생각합니다.

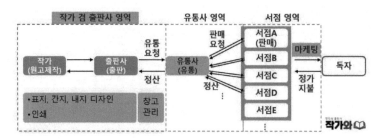

<예상하지 못한 출판사 대표 업무들(주황색)>

근데 '이걸 직접 한다' 그러면 내가 출판사 역할을 해야 하는 거잖아요. 그럼 갑자기 글만 쓰면 되는게 아니고 고민할 게 여러 가지가 생겨요. 뭐가 생기냐면 일단 표지나 간지및 내지 디자인도 해야 해요. 그리고 기존 출판사와 계약해 출간하는 기획 출판은 인쇄도 출판사가 알아서 하거든요. 근데 출판사를 운영한다는 말의 다른 의미는 내가 자비로 인쇄하는 거잖아요. 그럼 인쇄도 내가 직접 인쇄업체를 찾아서 해야 돼요. 인쇄 업체들도 가격이 천차 만별이에요. 물론 300만 원에 해결할 수 있는 인쇄량을 가지고 3천만 원이라고 뻥튀기 하는 곳은 없어요. 그러나 100만 원에서 500만 원까지는 차이가 나요. 10만원도 아까운데 100만원이라뇨... 여기서 또 생각할 것이 1도 인쇄냐 2도 인쇄냐 4도 인쇄냐, 종이의 그램(두께에 영향)은 얼마로 할 거냐, 책 날개를

넣을 거냐 안 넣을 거냐 등 이런 거에 따라 금액이 달라져요.. 다만 똑같은 품질이라 하더라도 -그 당시에 저희가 알아봤을 때- 350만 원 정도 평균을 기준으로 비싸게 부른 데는 500만 원, 저렴하게 부른 데는 300만 원 정도의 비용을 불렀던 것 같아요. 그러니 초판으로 1천 부를 인쇄하려고 하는데 특별한 이유 없이 인쇄비만 1천만원이라고 하면 그곳은 다시 생각해봐야 해요. 나를 호구로 보는 것은 아닌가.

어쨌든 이것저것 따져보고 350만 원 견적을 준 곳과 계약 맺고서 인쇄를 하고 북센에 책을 맡기려 했는데, 예상하지 못한 변수가 또 있었어요. 그게 뭐냐면 북센은 유통을 하는 곳이지 우리 책을 보관해주는 곳이 아닌데 그 생각을 전혀 못하고 있었던 거에요. 보통 파주에 3PL이라고 3자 물류회사의 창고에 책을 맡겨놓고, 서점에서 책 주문이 들어오면 3PL회사의 창고에서 북센 창고로, 북센 창고에서 다시 서점으로 책을 배송해주는 흐름이 잘 세팅되어 있는데, 세상 순진한 저희는 다 준비되었다고 착각한거죠.

그러면 또 예상하지 못한 비용 출혈이 있는거죠. 일단 창고 보관료가 매월 30만원씩 나가고 서점에서 책 주문이 들어올 때마다 권 당 1500원, 이런 식으로 변동비도 발생하거든요. 혹시 몰라서 위 금액은 정확한 금액은 아니에요.

3PL 창고를 이용 안 하고 직접 보관하면 되지 않느냐?

그 말도 정답입니다. 대신 서점에서 주문이 들어올 때마다 소량으로 택배를 보내야 해요. 한 번에 몇 십권씩 주문이 들어오면 괜찮지만 3권, 5권, 많을 때 10권 정도가 주문이 들어오는데 그 때마다 책 포장을 하고 우체국에 가서 택배를 보낸다고 생각해보세요. 비용 절감 효과는 거의 없는데 시간은 비효율적으로 계속 쓰게 되는거죠.

뭔가 부정적으로 모는 느낌이 들 수도 있지만, 실제 경험한 것을 말하는 중이니 '이럴 수 있겠구나'하고 상상은 잘 되실 거에요.

2) 이런 것도 챙겨야 해요

저희가 '한 권으로 끝내는 OJT'는 '시그나이터'란 법인에서 종이책으로 먼저 출판을 했어요. 앞서 언급했듯 기업 고객 분들이 사주신다고 해서 2,000부를 인쇄했죠. 그래서 전자책은 원래 생각이 없었어요. 신입사원 분들에게 50권, 100권씩 사서 배포하는 것을 예상했기 때문에요.

즉 이후 다른 워크북 시리즈를 출간하면서 전자책 유통을 생각한 것이에요. 그런데 저희도 교보, Yes24, 알라딘 등에 얼마 되지 않는 돈을 받으려고 세금계산서를 발행하는 것이 너무 귀찮았거든요. 실은 지금도 종이책 유통사인 북센에 계산서를 발행할 것이 있는데 남아 있고요, 시그나이터 법인에서 출간한 몇 몇 전자책도 U사에 계산서를 발행해야 하는데 남아 있어요. 이런 귀찮음 때문에 저희도 처음엔 U사를 이용한 것이에요.

U사의 좋은 점은 '작가와'보다 더 많은 유통 채널(전자책 서점)에 쉽게 유통시킬 수 있다는 것이에요. 작가와는 교보, Yes24, 알라딘, 리디, 밀리의 서재 등 주요 서점만 유통을 시키는데 U사는 처음 들어보는 회사들까지 약 12개인가, 14개인가 유통

시키고 있거든요. 게다가 시스템 상의 네모 박스에 유통 여부를 체크만 하면 되어서 많이 편해요. 그래서 저희도 초기엔

'아, 그러면 귀찮게 일일이 서점에 계산서 발행하지 말고, U사에 수수료 10% 떼어 주고 유통을 맡겨야겠다'

이렇게 생각을 한거죠.

근데 U사를 이용할 때 여러 안 좋은 점 중 하나(감정이 들어갔나요? ㅎㅎ)를 나중에 알게 된거에요. 그건 밀리의 서재에 제대로 유통이 되는지는 직접 구독하고 확인하기 전엔 알 수 없다는 점이에요. 다시 말하면 밀리의 서재에도 유통시켜 달라고 네모 박스에 체크를 했는데, 실재로는 밀리의 서재에선 유통이 안 되고 있었던거죠.

안 챙긴 저희 잘못이 아니냐고요?

네, 맞아요. 고백하자면 시그나이터로 책을 출판할 땐 몰랐어요. '작가와'를 하면서 알게 되었습니다. 그 당시 컨설팅 프로젝트를 하느라 책을 출간하긴 하지만 파는 것엔 관심이 적어서 제대로 팔리는지 모니터링을 못 했거든요.

하여튼 직접 자비출판을 하면 종이책이든 전자책이든 서점에 잘 깔려 있는지는 직접 챙겨야 해요. 마케팅은 말할 것도 없고요. 아마 가설적으로 개인 작가든 소규모 독립출판사를 운영하든, U사 같은 유통사를 이용하지만 이전의 저희처럼 미처 챙기지 못하는 경우도 많이 있을거에요.

<출판시 신경써야 하는 업무들>

종이책은 출간까지의 세부 프로세스가 전자책과 조금 다릅니다. 우선 큰 프로세스를 말하자면 기획을 하고요 작가랑 출판사랑 계약을 합니다. 그런데 자비출판은

내가 글을 쓰고 직접 출판하는 것이니까 계약서는 필요 없겠죠. 내가 나를 배신할 일은 없으니까요.

원고 및 디자인 개발은 삽화, 테두리 같은 것을 개발하는 것이에요. 그리고 조판 및 교정은 이렇게 생각하시면 돼요. 글의 줄 간격이나 단락 간격 조정도 있고, 이미지가 있다면 이 이미지를 왼쪽에 넣을거냐 오른쪽에 넣을거냐, 크기는 어느 정도로 할거냐 등을 말해요. 폰트 디자인이 디자인인지 조판인지는 모르겠어요. 거의 동시에 일어나거나 순서가 바뀌기도 해서요.

1교는 보통 PC교라고도 하는데 처음에 모니터로 원고를 보면서 수정을 하거든요. 그리고 어느 정도 오탈자도 잡히고 문장도 보완을 했다고 하면 출력을 한 후 꼼꼼하게 다시 읽어보는 것이 2교, 3교, 4교, 5교 등등이고요.

그 뒤 컨펌은 뭐 영어로 Confirm, 즉 확정한다는 것이고, 제작은 인쇄하는 것, 재쇄는 한 번 인쇄하는 상황이니까 행복한 고민을 하는 것이고요.

그림에서 설명한 모든 단계를 다 거치는 것도 아니고 책의 종류나 출판사의 루틴에 따라 조금 달라질 수 있지만 큰 흐름은 이해 되었을거에요.

내가 자비출판을 하려고 하는데 디자인 역량이 부족하다. 그러면 외주를 맡겨야 하는데 이 때 종이책 인쇄와 별개로 디자인 비용도 들어요. 예를 들면 책마다 표지 말고도 디자인이 다 다르잖아요. 여백 남긴 것도 다르고 내지에 있는 페이지 표시가 위에 있느냐 아래에 있느냐도 다르고, 표가 있다면 이걸 깔끔하게 정리도 해야 하는 등 이런 기본 디자인만 해도 보통 300만 원에서 400만 원이 들어요.

이 비용이 비싼 것 같다는 느낌이 드신다면 다시 한 번 천천히 생각을 해보시면 납득이 되요. 디자인을 하시는 분들도 프리랜서든 회사에서 일을 하든 시간을 써서 일을 하는 것인데, 이 일이 하루 일한다고 끝나는 것도 아니고, 디자인을 의뢰한 고객과 추가 소통을 하면서 피드백 받고 수정하는 것까지 고려하면 저는 합리적이라고 생각해요. 물론 프리랜서 분의 경력이 얼마나 되느냐 회사가 어디냐에 따라, 여기에 새로 디자인해야 하는 개수가 몇 개냐에 따라 더 비싸지거나 저렴해질 수는 있고요.

그래서 기획 출판으로 첫 책을 내신 분들은 출판사와 계약을 한거니까 이미 그 자체로 대단하신거에요.

출판사로부터 인정을 받은 거잖아요. 이것만으로도 필력이 좋을 확률이 높죠. 그런데 자비출판으로 첫 책을 냈는데 엄청 깔끔하게 잘 나왔다, 이분들은 눈에 안 보이는 공을 엄청 들이신 거죠. 어떻게 보면 기획 출판하신 작가님들보다 더 대단하신거고요.

결론적으로 뒤의 역주행 얘기하기 전에 종이책 한 권을 자비출판하려 한다면 세부적으로도 챙길 게 많다는 말씀을 드리고 싶었어요. 이런 것들도 미리 감안해야 자비출판의 허와 실 또는 딜레마를 먼저 고민해보고 더 좋은 선택을 할 수 있으니까요.

3) 안 팔린 책은 역주행이 가능할까?

<베스트셀러를 읽는 독자>

누군가 저희에게 '책도 역주행이 가능하냐?'고 물으신다면,

'네, 그러나 거의 기대하면 안 된다'고 답을 하는 중이에요. 왜냐하면 대부분 역주행의 정의를 '예전에 썼던 책이 갑자기 유명해져서 많이 팔리는 것'으로 하고 있는데, 이건 BTS가 여행갈 때 손에 들고 읽어주지 않는 이상 어려울 것이라고 생각하기 때문이에요.

그러나 역주행을 작가님의 작품 포트폴리오 전체로

생각하고 정의한다면 충분히 가능하다고 봐요. 이와 관련된 사례로 우리가 잘 알고 있는 '파친코'가 있습니다. '파친코' 다 아시죠? 갑자기 파친코 얘기를 왜 하냐면, 적어도 우리나라에선 파친코가 뜨고 나서 이민진 작가님의 '백만장자를 위한 공짜 음식'이란 책이 더 팔렸거든요. 이게 시사하는 바가 몇 가지 있는데, 그 중 책 출판만 따로 놓고 본다면, 처음 출간한 책이 바로 베스트셀러가 되어 대박 나는 경우는 별로 없다는 것을 의미하기도 하지만 그보다 중요한 것인 이거에요. 작가님 본인 이름으로 특정 분야에서 꾸준히 좋은 글을 쓰다보면 어느 한 책이 독자의 마음에 들게 되고, 그 독자는 작가님의 다른 책을 사서 본다는 것이에요. 실제 저희가 러닝앤그로스로 사고력을 강화하는 여러 워크북 시리즈를 내고 있는데, 그 책들이 팔리는 패턴을 보고 확인한 결과에요.

 그러니 종이책이든 전자책이든 꾸준히 출간하시길 권해드려요. 이건 잠재 독자에게 작가님의 책들이 노출될 수 있는 확률과도 밀접한 관련이 있어요. 주제, 제목, 글의 품질 등에 따라 좀 달라질 수 있겠지만 같은 분야의 책을 5권에서 10권 정도 내면 조금씩 효과가 나타나는 것 같아요. 그런데 종이책을 매번 인쇄해서 배포하려면 분량도 부담이고 인쇄비도 생각해야 하니 전자책을 권장하는 것이죠.

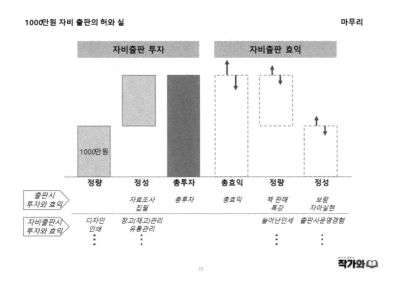

<자비출판의 ROI>

결론적으로 위 그래프가 저희가 하고 싶은 말이에요.

왼쪽 막대 그래프가 투자 영역이고 우측의 점선 막대 그래프가 효익 영역이에요. 오른쪽을 점선으로 그린 이유는 책이 얼마나 팔릴지 알 수 없기 때문이에요.

막대 그래프 밑의 텍스트는 다시 '출판시 투자와 효익'과 '자비출판시 투자와 효익'으로 나눴는데, 우선 위의 '출판시'는 '기획출판'을 의미해요. 다시 말하면 출판사와 계약을 맺고 출간하는 것인데 이 때 작가님은 글 쓰는 것에만 오롯이 집중할 수 있는 환경인거죠. 이 경우 투자와 효익은 다들 잘 알고 있는 내용이어서 더 설명하지 않을거에요.

자비출판시 투자는 기획출판 대비 디자인도 하고 인쇄도 하는 등 정량적으로 개인 돈이 들어가요. 쉽게 생각하면 약 1천만 원 정도. 그리고 투자비용을 바로 인지하기 어려운 대표적인 것이 창고 및 재고 관리, 유통 관리 등이 있어요. 투입 시간을 바탕으로 비용으로 환산할 수도 있지만, 이와 별개로 어느 창고를 이용할 것인지부터 계산서 발행을 위해 숫자를 한 번 더 확인하는 것까지 신경 쓸 것들이 많이 생겨서 정성적인 것으로 분류한 것이에요.

오른쪽의 효과 측면에선, 내가 직접 운영하는 거니까 인세 또는 매출이 더 증가하는 게 있고 정성적인 것으론 '내가 CEO 해봤다', '출판사 운영해 보니까 이런 게 좀 있더라' 등 해보지 않으면 알 수 없는 여러가지 새로운 경험이 있겠죠.

그래서 처음에 말씀드렸듯 책을 출간하려는 목표를 더 생각하는 것이 필요해요. 어떤 사람은 보람이나 자아 실현, 출판사 운영 경험이 별거 아니라고 할 수 있지만 어떤 사람은 '나는 이게 정말, 그리고 원래 하고 싶었어', '내가 회사만 다니는 게 아니라 주도적으로 뭔가 하고 싶어'란 생각을 갖고 있을거잖아요. 그러면 자비출판을 하는 것이 나을 수 있죠. 뭔가 제대로 배우려고 학원 등록하고 배우기만 해도 200만 원, 300만 원씩 돈이 드는데 자비출판은 내가 직접 회사를 운영하는 것이니까 1천만 원 들여 경험하는 것만으로도 충분히 가치가 있을 수 있죠. 그러면 그래프 우측 정성적인 부분의 점선 막대 높이가 확 높아질 거잖아요. 즉 투자 대비 효익이 큰 거고 직접 출판하는 것이 나은거죠. 그래서 한 번 더 요약하면 스스로 명확한 목표를 인지하는 것이 의사결정에 가장 중요하단 점이에요.

4. Q&A

<책 위의 빛 나는 물음표>

Q1: 그러면 너희(작가와)는 투자 대비 효익이 크다고 생각하고 자비출판을 했니?

A1: 그렇다고 착각했죠. 정성적인 것은 모르겠고 정량적 관점에서 많이 팔릴 줄 알았어요. 근데 아직 회사 창고에 재고가 쌓여 있어요. 짬 처리도 못하겠고 계륵이에요. 만약 과거의 저희가 지금과 같은 교육을 받았다면... 그 뒤는 노코멘트 하겠습니다.ㅜㅜ

Q2: 작가와에서 나온 종이책도 있던데 그 목적은

뭔가요?

A2: 종이책은 향후 기업교육 시 활용할 것을 염두하고 홍보 및 노출 목적으로 출간했어요. 아무래도 전자책만 출간하는 것보다 종이책까지 출간하면 고객에게 노출될 확률이 좀 더 높아지거든요. 유의할 것은 이 때도 저희는 몇 천부씩 인쇄하지 않고 소량 인쇄를 먼저 한 후 시장 반응을 살폈어요. POD로 인쇄한 책도 있고요.

Q3: 전반적인 분위기가 전자책을 추천하는 것 같은데 맞나요?

A3: 네, 저희는 전자책을 먼저 내고 이게 반응이 좋으면 그 다음 종이책으로 내는 걸 권해드려요. 그리고 종이책을 낼 때도 처음부터 몇 천 부 찍는 것보다 100부 정도만 찍어서 풀어놓고 반응을 본 다음에 확대하는 걸 권해드려요. 저희가 인쇄한 몇 몇 책은 표지도 여러 번 뜯어 고쳤고요. 그런데 2,000부를 인쇄했다고 하면 좀 난감한 상황이 발생하겠죠.

Q4: 작가와에서 종이책 ISBN을 발급받을 수 있나요?

A4: 네, 무료로 종이책 ISBN 받을 수 있습니다. 그래도 전자책 유통은 저희에게 맡겨주실거죠? ^^ 정말 좋은 질문을 해주셨는데요, ISBN은 종이책과 전자책을 따로 발급받아야 해요. 그래서 기존 출판사를 운영하신다거나 계약을 맺은 곳이 있다고 하셔도 전자책 유통은 '작가와'를 이용하실 수 있어요. 그러면 종이책 인세 비율과 전자책 인세 비율을 처음부터 다르게 정할 수 있는 것이죠.

Q5: 출판사를 운영하면 서점에 직접 납품 가능한가요?

A5: 네, 가능해요. 다만 종이책도 마찬가지지만 전자책을 직접 유통하려면 각 서점과 계약을 맺어야 되요. 당연히 출판사 등록을 먼저 하셔야 하고요. 계약까지는 별거 아닌데 뭐가 귀찮냐면... 저희는 세금계산서 발행이 귀찮더라고요. 계산서 발행을 서점마다 따로따로 다 하고, 그 다음 달이나 다다음 달에 돈이 들어오거든요. 그러면 그 돈 들어온 것을 확인하고 우리가 계산서 발행한 거랑 돈 들어온 거랑 맞는지도 확인해야 하고, 작가님에게 인세 드릴 것도 별도로 계산해야 하고... 이런 부분이 어렵더라고요.

Q6: '작가와' 서비스는 왜 이렇게 좋은가요?

A6: 좋은 말씀, 감사합니다.

Q7: '작가와' 서비스로 돈을 벌고 있나요?

A7: 아직 마이너스에요, '더 많은 작가님들이, 더 좋은 책을 출간하고, 그 책들이 독자 에게 사랑받을 수 있도록' 계속 지원하다보면 언젠가 벌 수 있지 않을까 싶어요. SNS 등을 활용해 주변 홍보하시는 것을 절대 막지 않습니다. ㅎㅎ

출판일 | 2023.07.07

저자명 | 작가와

출판사 | 작가와

ISBN | 979-11-7085-689-4

판매가 | 10,800 원